Comparar insectos

Los sentidos de los insectos

Charlotte Guillain

Heinemann Library
Chicago, Illinois

www.heinemannraintree.com

Visit our website to find out more information about Heinemann-Raintree books.

To order:

☎ Phone 888-454-2279

🖥 Visit www.heinemannraintree.com to browse our catalog and order online.

© 2011 Heinemann Library
an imprint of Capstone Global Library, LLC
Chicago, Illinois

Edited by Rebecca Rissman and Catherine Veitch
Designed by Joanna Hinton-Malivoire
Picture research by Elizabeth Alexander
Production by Duncan Gilbert and Victoria Fitzgerald
Originated by Heinemann Library
Printed and bound in China by Leo Paper Group
Translation into Spanish by DoubleOPublishing Services

14 13 12 11 10
10 9 8 7 6 5 4 3 2 1

Library of Congress Cataloging-in-Publication Data
Guillain, Charlotte.
  [Bug senses. Spanish]
  Los sentidos de los insectos / Charlotte Guillain.—1st ed.
    p. cm.—(Comparar insectos)
  Includes bibliographical references and index.
  ISBN 978-1-4329-4323-3 (hc)—ISBN 978-1-4329-4330-1 (pb)
  1. Insects—Juvenile literature. 2. Insects—Sense organs—Juvenile literature. 3. Insects—Physiology—Juvenile literature. I. Title.
  QL467.2.G856718 2011
  595.7—dc22
                                    2010007335

Acknowledgments
The author and publishers are grateful to the following for permission to reproduce copyright material: Getty Images p. **21** (DEA / CHRISTIAN RICCI) ; iStockphoto p. **17**; Photolibrary pp. **6** (Michael Dietrich/imagebroker.net), **9** (David M Dennis/OSF), **7** (OSF), **14** (Jack Clark/Animals Animals), **15** (Klaus Honal/age footstock), **16** (Herbert Zettl/Cusp), **23 middle** (Jack Clark/Animals Animals), **23 bottom** (Klaus Honal/age footstock); Shutterstock pp. **4** (© Cathy Keifer), **5** (© Anton Chernenko), **18** (© Hway Kiong Lim), **8** (© Kirsanov), **10** (© Tompi), **11** (© Sascha Burkard), **12** (© Neale Cousland), **13** (© Danijel Micka), **19** (© Armin Rose), **20** (© orionmystery@flickr), **22 top left** (© Studio Araminta), **22 bottom left** (© RCL), **22 middle top** (© Vinicius Tupinamba), **22 right** (© Ivelin Radkov), **23 top** (© Neale Cousland).

Cover photograph of a jumping spider reproduced with permission of FLPA (Mark Moffett/Minden Pictures). Back cover photograph of a night butterfly (Actias artemis) reproduced with permission of Shutterstock (© Kirsanov).

The publishers would like to thank Nancy Harris and Kate Wilson for their assistance in the preparation of this book.

Every effort has been made to contact copyright holders of any material reproduced in this book. Any omissions will be rectified in subsequent printings if notice is given to the publisher.

Contenido

Conoce los insectos 4

El olfato y el gusto 6

Sentir 12

Oír. 16

Ver 18

¿De qué tamaño? 22

Glosario ilustrado 23

Índice. 24

Conoce los insectos

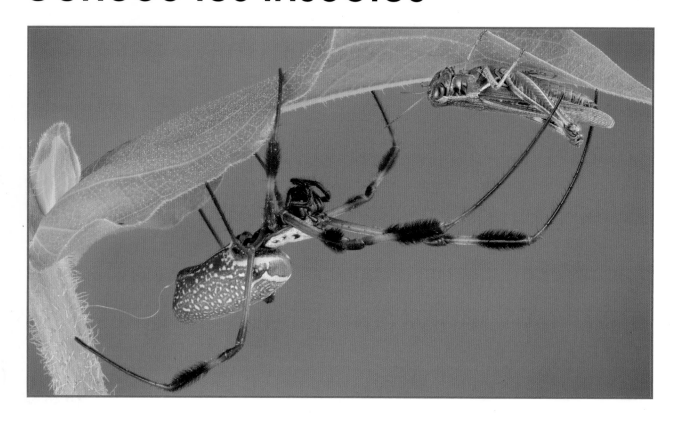

Hay muchos tipos de insectos.

Los insectos pueden oler y probar
sabores. También pueden tocar, oír y ver.

El olfato y el gusto

Los insectos huelen y prueban sabores de diferentes maneras.

antenas

Los insectos usan sus antenas para oler y probar sabores.

antenas

La polilla usa sus antenas para oler otros insectos.

pelos

La araña usa los pelos de sus patas
para oler otros insectos.

lengua

Algunos insectos usan sus lenguas
para probar el sabor de los alimentos.

pies

Algunos insectos usan sus patas para probar el sabor de los alimentos.

Sentir

antenas

Los insectos sienten de diferentes maneras. Muchos insectos sienten con sus antenas.

pelos

Muchos insectos sienten con los pelos del cuerpo.

cola

Algunos insectos sienten las cosas que se mueven con sus colas.

telaraña

Las arañas pueden sentir las cosas
que se mueven en sus telas.

Oír

Los insectos oyen de diferentes maneras. El saltamontes puede usar su cuerpo para oír.

La mantis religiosa puede usar su
cuerpo para oír.

Ver

ojo

Los insectos ven de diferentes maneras.

Los insectos tienen ojos especiales.

ojos pequeños

Los ojos de los insectos tienen muchos ojos pequeños. Cada ojo pequeño ve algo distinto.

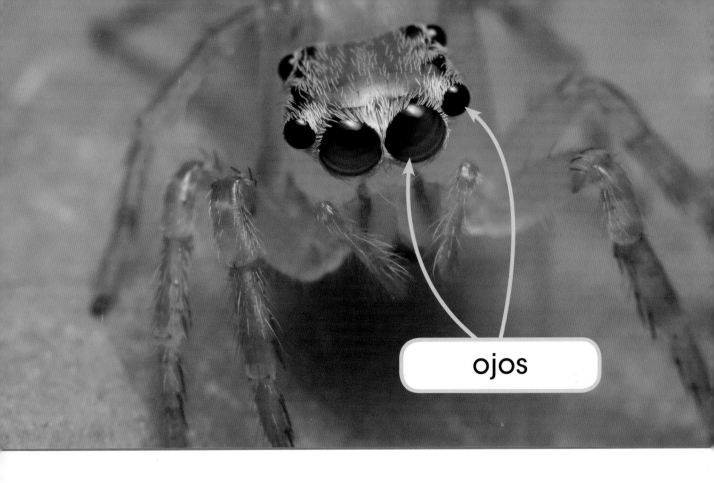

ojos

Las arañas tienen seis u ocho ojos.

Las lombrices no tienen ojos.

¿De qué tamaño?

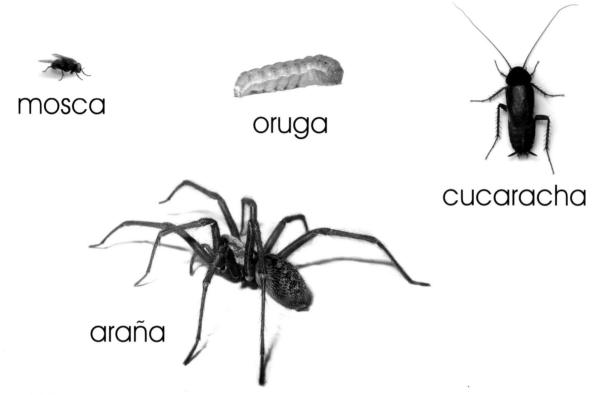

mosca

oruga

cucaracha

araña

Observa el tamaño que pueden tener algunos de los insectos presentados en este libro.

Glosario ilustrado

antena parte larga y delgada del cuerpo de un insecto ubicada sobre la cabeza

insecto criatura muy pequeña que tiene seis patas

telaraña red que tejen las arañas para atrapar insectos

Índice

oír 5, 16, 17

oler 5, 6, 7, 8, 9

probar sabores
   5, 6, 7, 10, 11

sentir 5, 12, 13,
   14, 15

ver 5, 18, 19

Nota a padres y maestros

Antes de leer

Haga junto a los niños una lista de animales que incluya insectos, arácnidos (p. ej., arañas), crustáceos (p. ej. cochinillas), miriápodos (p. ej. ciempiés y milpiés) y lombrices de tierra. Pregúnteles si saben cuáles son nuestros cinco sentidos. ¿Creen que los insectos tienen los mismos sentidos que nosotros? ¿Tienen ojos, oídos, narices o lenguas como nosotros?

Después de leer

• Haga máscaras de insectos con ojos y antenas. Pida a los niños que escojan un insecto, como una polilla, una abeja o una libélula. Observen atentamente imágenes de los insectos escogidos y comenten los ojos: el color y el número. ¿Tienen los ojos muchos ojos pequeños? Si tienen antenas, ¿cómo son? Use tarjetas de fichero, papeles y envoltorios brillantes, papel de seda y limpiapipas para hacer máscaras de las caras de los insectos.

• Entre la primavera y el final del verano, pueden salir del salón de clases para buscar flores. ¿Qué flores visitan las abejas y las mariposas? Pida a los niños que huelan y observen el color de estas flores. ¿Qué notan? Ayude a los niños a dibujar tablas de conteo para anotar cuántos insectos voladores visitan cada flor de color. ¿Hay algún color que prefieran los insectos?